AF370003

VENTE

HOTEL DROUOT — SALLE Nº 7

Le Jeudi 16 Février 1905

A 2 HEURES

MEUBLES

OBJETS D'ART, BRONZES

Porcelaines, Faïences, Armes

Collection de 200 netzukés en ivoire et bois sculpté

TABLEAUX — DESSINS — GRAVURES

Tentures, Tapis

Mᶜ F. LAIR DUBREUIL	M. Arthur BLOCHE
COMMISSAIRE-PRISEUR	EXPERT PRÈS LA COUR D'APPEL
6, rue de Hanovre, 6	51, rue Saint-Georges, 51

EXPOSITION PUBLIQUE

Le Mercredi 15 Février 1905, de 2 heures à 6 heures

CONDITIONS DE LA VENTE

Les acquéreurs paieront 10 o/o en sus du prix d'adjudication.

L'Exposition, mettant le public à même de se rendre compte de l'état et de la nature des objets il ne sera admis aucune réclamation, une fois l'adjudication prononcée.

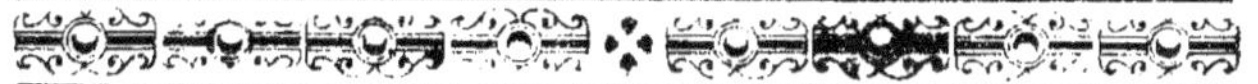

DÉSIGNATION

MEUBLES

1 — Chambre à coucher en palissandre et bois
de rose ornée de bronzes, composée de : un
lit de milieu, une armoire à deux portes à
glaces et une psyché.

2 — Meuble bahut en bois sculpté.

3 — Table en chêne sculpté.

4 — Vitrine en bois de placage ornée de
bronzes. Style Louis XV.

5 — Bureau de dame en marqueterie de bois.
Style Louis XV.

6 — Deux casiers à musique.

7 — Horloge Louis XVI en noyer.

8 — Deux rouets.

9 — Panneau de coffre en bois sculpté.

10 — Ecran en noyer sculpté, feuille en soie de Chine brodée.

11 — Deux chaises garnies en cuir.

12 — Tabouret de piano.

13 — Vitrine Louis XVI en bois de rose ouvrant à deux portes.

14 — Buffet crédence à deux corps en noyer sculpté. Style Henri II.

15 — Desserte en chêne sculpté.

16 — Six chaises en noyer foncées de canne.

17 — Bibliothèque en bois noir.

18 — Bureau-ministre en bois noir.

19 — Fauteuil de bureau en bois noir.

20 — Glace Louis XVI bois sculpté et doré.

21 -- Glace cadre bois noir.

22 — Salon Louis XVI en bois sculpté foncé de canne.

23 — Bureau en marqueterie avec branches de lumière.

24 — Petit bureau orné de cuivres.

25 — Ecran laqué avec feuille ornée de peinture.

26 — Glace étroite avec cadre Louis XVI.

27 — Guéridon garni de peluche.

28 — Table en bois noir, dessus en céramique.

29 — Canapé en acajou.

30 — Canapé en bois couvert d'étoffe genre tapisserie.

31 — Glace avec cadre en bois doré.

32 — Bahut ancien en bois sculpté.

33 — Armoire en palissandre.

34 — Deux bergères couvertes d'étoffe.

35 — Trois fauteuils de style anglais.

36 — Table à ouvrage Louis XVI en acajou.

37 — Guéridon Louis XVI en noyer.

38 — Table en acajou ornée de bronzes, dessus en marbre. Style Louis XVI.

39 — Guéridon à deux tablettes en acajou.

40 — Deux fauteuils Louis XV en acajou.

41 — Deux fauteuils en palissandre.

42 — Deux fauteuils Ier Empire en acajou.

43 — Deux chaises en bois noir, dossiers forme lyres.

44 — Grand fauteuil à oreillons.

45 — Grand fauteuil en bois noir, dessus capitonné.

46 — Canapé et deux fauteuils Louis XVI laqués blanc.

47 — Pouf contrarié.

48 — Fauteuil d'antichambre en acajou.

49 — Chaise longue. Style anglais.

50 — Deux chaises Louis XVI bois noir, couvertes de velours rouge.

51 — Deux chaises en bois doré.

52 — Sellette en bois sculpté. Art nouveau.

53 — Support en bois oriental.

54 — Guéridon tournant japonais.

55 — Casier à musique en bois noir.

56 - Colonne en bois noir.

57 — Paravent en étoffe à trois feuilles.

58 — Petit bureau de dame.

59 — Table à ouvrage en bois noir et marqueterie.

60 — Guéridon garni de peluche.

61 — Guéridon en cuivre à dessus de porcelaine.

62 — Table garnie d'étoffe fantaisie.

63 — Guéridon sur trois pieds en noyer.

64 — Paravent ouvrant à trois feuilles.

65 — Ecran avec tablette mobile.

66 — Socle garni de velours.

67 — Socle Louis XV.

68 — Bureau en chêne clair.

69-75 — Literie, débarras, sièges divers, meu-
bles courants.

OBJETS D'ART

76 — Pendule de l'époque du 1er Empire en
bronze ciselé et doré, en forme de portique,
supporté par quatre colonnettes cannelées.

77 — Jardinière, surtout de table et deux giran-
doles en métal. Style Louis XV.

78 — Pendule en bronze doré Empire.

79 — Buste en terre cuite de Carrier-Belleuse.

80 — Pendule en marbre noir.

81 — Deux potiches en porcelaine de Chine.

82 — Lustre à cinq branches avec contrepoids.

83 — Lanterne en bronze orné de vitraux.

84 — Lanterne en fer forgé.

85-88 — Lot d'armes de chasse et de guerre
anciennes et modernes.

89 — Six lampes en bronze et porcelaine.

90 — Deux grandes statuettes en bronze.

91 — Deux vases en étain.

92 — Lampe avec abat-jour en cuivre.

93 — Statuette en bronze : Amour et Faune.

94 — Garniture de cheminée en bronze doré composée d'une pendule et de deux candélabres.

95 — Deux garde-feux en cuivre.

96 — Quatre garnitures de foyer.

97 — Lampe forme colonne en métal.

98 — Grande lampe cigogne en fer forgé.

99 — Cache-pot japonais.

100 — Pendule en marbre et bronze surmontée d'un buste de femme.

101 — Pendule ornée de cuivres ciselés.

102 — Pendule en marbre avec sujet en bronze.

103 — Pendule en marbre et bronze.

104 — Pendule en marbre blanc ornée de cuivres.

105 — Pendule Empire sur socle en bois.

106 — Deux encriers en cuivre et étain.

107 — Miroir avec cadre en marbre garni de métal argenté, forme amours avec mandoline.

108 — Trois candélabres en bronze.

109-110 — Cinq porte-pelles et pincettes en cuivre.

111 — Deux chenêts en fer forgé.

MINIATURES, IVOIRES

112 à 130 — Collection de deux cents netzukés en ivoire et bois sculpté représentant des figurines, des groupes, des animaux et des objets variés.

131 — Miniature ovale, portrait de femme coiffée d'un grand chapeau, cadre à chevalet.

132 — Miniature portrait de Louis XVII.

133 — Miniature portrait de femme Louis XVI en robe à raies rouges et noires.

TABLEAUX

134 — BEAUCHAMP. Scène d'intérieur.

135 — CARAN D'ACHE ? L'armée allemande. Dessin.

136 — DAZILE. Paysage.

137 — DUPERELLE. Bords de rivière.

138 — DUMONT. Paysage.

139 — DUMONT. Paysage.

140 — DUMONT. Paysage.

141 — E. S. Paysage au bord de la mer.

142 — FRANÇAIS (J.-L.). Fleurs.

143 — HUBERT. Scène de genre. Panneau.

144 — LEBAS (L.). Le trottin.

145 — LEONNEC. Le Mathurin. Aquarelle.

146 — LEPIC. Marine.

147 — LESAGE. En canot. Aquarelle.

148 — LUCKARD. La Place Clichy à Paris.

149 — LUCKARD Portrait de femme.

150 — LUCQUES. Sept pastels, portraits charges d'hommes célèbres.

151 — MARTIN. Pot de chrysanthèmes, fruits, etc., etc.

152 — MARTIN. Sous bois.

153 — MARTIN. Fruits, chaudron, etc.

154 — MICHEL (Attribué à). L'Inondation.

155 — MONTENART. Une Jetée.

156 — PAIL. Paysage.

157 — PRINCETEAU. Paysage.

158 — PUCIL. Scène d'intérieur.

159 — QUOST. Prairie.

160 — RAPHAEL (D'après). La Sainte Famille.

161 — REMBRANDT (D'après). Les Pèlerins d'Emmaüs.

162 — SAINT-ALARY (H. de). Scène de chasse. Aquarelle forme éventail.

163 — SARIN. Vase de fleurs.

164 — STERLI. Notre-Dame. Aquarelle.

165 — TOUCHET. Bouquet d'arbres.

166 - TROYON (Genre de). Paysage.

167 — WROOM. Paysage hollandais.

168 — ECOLE ANCIENNE. Le berger Pâris.

169 — ECOLE ANCIENNE. Personnages et chevaux.

170 — ECOLE ANCIENNE. Sujet mythologique.

171 — ECOLE MODERNE. Pâturage. Panneau.

172 — ECOLE MODERNE. La laveuse.

173 — ECOLE MODERNE. Tigre.

174 — ECOLE MODERNE. La cycliste.

175 — ECOLE MODERNE. Femme et enfants.

176 — ECOLE MODERNE. Marine.

177 — ECOLE MODERNE. Portrait de femme.

178 — ECOLE MODERNE. Marché arabe.

179 — ECOLE MODERNE. Marine. Panneau.

180 — Peinture sur bois. Ferme.

181 — Peinture sur bois, signée S. U.

182 — Pastel. Nature morte.

183 — Eau-forte : Jules César.

184 — L'Hôtellerie. Gravure.

185 — Lot de reproductions d'après Appian, Allongé, Lalanne, etc. environ 120 pièces.

TENTURES. TAPIS

186 — Carpette ancienne d'Òrient.

187 — Tenture de chambre à coucher en étoffe armurée bleue.

188 — Tenture de chambre à coucher à rayures.

189 — Deux rideaux en satin vert.

190 — Deux pentes et un bandeau en velours brodé.

191 — Dessus de table en drap, broderie turque.

192 — Sept coussins divers.

193 — Grande cantonnière en peluche et satin brodé ornée d'applications.

194 — Grand bandeau en peluche brodée.

195 à 197 — Nombreuses tentures et accessoires.

198 à 200 — Quinze tapis avec thibaudes.

201 — Paire rideaux en tapisserie fond jaune.

202 — Couverture fourrure.

203 — Coussin en moquette orientale.

204 — Tenture orientale fond bleu.

205 — Quatre stores en bois et perles.

206 — Objets omis.